DIVERSIÓN Y...

# CONVENCIONES DE CÓMICS

División

CONVENCIÓN DE CÓMICS
Pase de 4 días

Kristy Stark, M.A.Ed.

T0141622

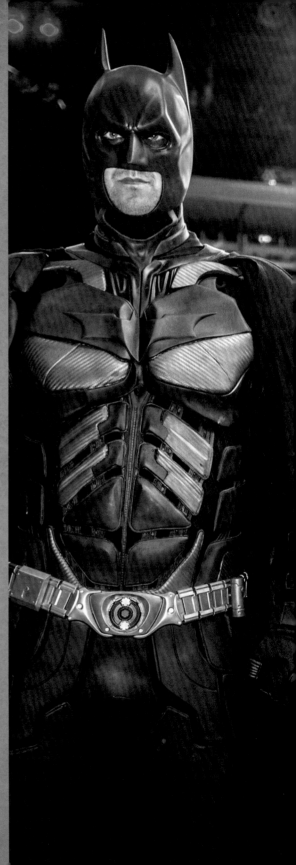

## Asesoras

**Lisa Ellick, M.A.**
Especialista de matemáticas
Norfolk Public Schools

**Pamela Estrada, M.S.Ed.**
Maestra
Westminster School District

**Créditos de publicación**
Rachelle Cracchiolo, M.S.Ed., *Editora comercial*
Conni Medina, M.A.Ed., *Gerente editorial*
Dona Herweck Rice, *Realizadora de la serie*
Emily R. Smith, M.A.Ed., *Realizadora de la serie*
Diana Kenney, M.A.Ed., NBCT, *Directora de contenido*
Stacy Monsman, M.A., *Editora*
Kristy Stark, M.A.Ed., *Editora*
Caroline Gasca, M.S.Ed., *Editora*
Sam Morales, M.A., *Editor asociado*
Kevin Panter, *Diseñador gráfico*
Sandy Qadamani, *Diseñadora gráfica*

**Créditos de imágenes:** pág.3 ColobusYeti/iStock; pág.5 (inferior) Karl Denham/
Alamy; pág.8 Paul Slade/Paris Match via Getty Images; págs.9, 13 TK/Cortesía de San
Diego History Center; págs.10, 29 Sam Aronov/Shutterstock; pág.11 Marc Tielemans/
Alamy; pág.12 California California/Alamy; pág.15 Roi Brooks/Alamy; pág.16 Mindy
Duits; pág.17 (izquierda) Boston Globe/Getty Images; pág.17 (derecha) AFB/ZOJ/
Tony Forte/WENN/Newscom; pág.18 (inferior) Stephen Barnes/Alamy; pág.20, 22
(superior) Zuma Press/Alamy; pág.23 Laurie Goldfarb/Alamy; pág.24 Casey Rodgers/
Invision for Stan Lee's Comikaze Expo/AP Images; pág.25 (derecha) Lauren Elisabeth/
Shutterstock; pág.31 Beto Chagas/Shutterstock; las demás imágenes de iStock y/o
Shutterstock.

**Nota:** Todas las empresas, los nombres, los personajes y los productos mencionados en
este libro son marcas registradas de sus respectivos propietarios o creadores y solo se
utilizan con fines editoriales; el autor y la editorial no persiguen fines comerciales con
su uso.

**Teacher Created Materials**
5301 Oceanus Drive
Huntington Beach, CA 92649-1030
http://www.tcmpub.com

**ISBN 978-1-4938-8648-7**
© 2018 Teacher Created Materials, Inc.
Printed in China
51497

# Contenido

Una obsesión por los cómics ........................................... 4

La primera convención de cómics ................................. 8

Comic-Con Internacional de San Diego ...................... 12

Asistir a Comic-Con ..................................................... 14

Más convenciones de cómics ....................................... 22

Recuerdos para toda la vida ......................................... 26

Resolución de problemas .............................................. 28

Glosario ........................................................................ 30

Índice ............................................................................ 31

Soluciones ..................................................................... 32

# Una obsesión por los cómics

A Lucas lo único que le interesa es leer sus revistas de cómics. Las lee en el desayuno. Sueña despierto con ellas en el recreo de la escuela. En cuanto llega a casa, hace la tarea para poder leerlas mientras come un bocadillo. Su mamá dice de broma que probablemente de noche también sueña con revistas de cómics. Y aunque Lucas no quiere admitirlo, ¡realmente sueña con los superhéroes de los cómics!

Lucas planea pasar todas las vacaciones de verano alimentando su obsesión. Leerá revistas de cómics y las comentará con sus amigos. También realizará algunos trabajitos para sus vecinos a cambio de dinero para comprar entradas para Comic-Con®.

Sin embargo, la mamá de Lucas tiene otros planes para el primer día de las vacaciones de verano.

—Mamá, ¡quiero quedarme en casa a leer mis revistas de cómics! — se queja Lucas.

—Ya lo sé, Lucas, pero hoy iremos a visitar a tu tío. Hace mucho tiempo que no lo veo; la última vez fue cuando aún eras un bebé. Es un hombre interesante que ha tenido una vida asombrosa. Realmente creo que te gustará pasar tiempo con él. Además, sabe mucho sobre revistas de cómics. Tal vez aprendas algo.

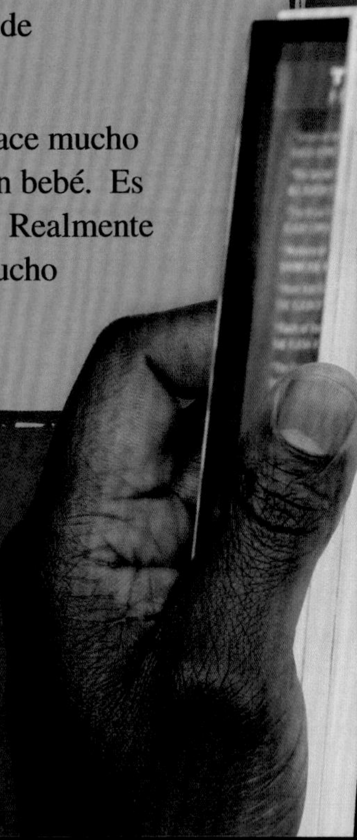

Las revistas de cómics pueden leerse en papel o en dispositivos digitales.

"¿Qué me puede enseñar sobre cómics mi tío?", piensa Lucas. De todos modos, se da cuenta de que no tiene sentido discutir con su madre. Al menos podrá leer algunos cómics durante el viaje en auto.

Cuando Lucas y su mamá llegan a la casa del tío Germán unas horas más tarde, él sale a recibirlos.

A Lucas le llama mucho la atención que el tío Germán no se vista con ropa formal, como su mamá. El tío Germán usa zapatos deportivos, jeans y camiseta. Lo más sorprendente es que lleva puesta una camiseta con un personaje de cómics que Lucas reconoce de inmediato: ¡Linterna Verde!

—¿Cómo es que conoces a Linterna Verde? —pregunta Lucas.

—Linterna Verde ha sido mi personaje de cómic favorito desde que era niño, Lucas. Los cómics me han encantado desde que tenía como 10 años y los he coleccionado desde entonces. ¿Sabías que mi papá, tu abuelo, incluso asistió a la primera **convención** de cómics?

—¿El abuelo fue a la primera Comic-Con? ¡Estoy ahorrando para poder ir algún día!

—Sí, fue a la primera, pero no se hacía en San Diego como ahora. Déjame ir a buscar sus álbumes viejos para mostrarte fotos de esa primera convención.

## EXPLOREMOS LAS MATEMÁTICAS

Lucas tiene 75 revistas de cómics. Su mamá quiere que las guarde en cajas en vez de tenerlas tiradas en el piso de su habitación. A cada caja le caben 12 revistas. ¿Cuántas cajas necesita? ¿Por qué?

# La primera convención de cómics

Lucas está asombrado de ver las fotos del abuelo Al. Germán le dice que la primera convención se realizó en la ciudad de Nueva York el 27 de julio de 1964. Le muestra las fotos y le cuenta sobre la convención.

—La primera convención se llamaba *Comicon*. Fueron solamente unas 100 personas y se realizó en un día caluroso de julio. Phil Seuling llevó una caja de refrescos para que los **asistentes** soportaran mejor el calor.

La cara confundida de Lucas indica que no tiene idea de quién era Seuling, así que Germán decide que Lucas debe aprender más acerca de la historia de las convenciones.

## Cómo conseguían sus cómics los coleccionistas

A Seuling se le ocurrió que las **editoriales** especializadas vendieran directamente los cómics a los coleccionistas y fans. Así, los fans podrían comprar solo aquellos cómics que quisieran de la editorial. Antes, las revistas de cómics se vendían como los periódicos. Estaban a la venta en puestos que recibían pedidos nuevos todos los días. Las revistas que no se vendían en el día se devolvían a la editorial a cambio de un reembolso. La editorial reciclaba las revistas devueltas y publicaba otras.

A Seuling se le ocurrió una manera de asegurarse de que se vendieran todas las revistas de cómics. Su idea representaría más dinero para las editoriales. También habría más revistas de cómics en manos de los fans.

Phil Seuling

Aproximadamente 100 personas asistieron a la primera convención de cómics en la ciudad de Nueva York. ¡Hoy en día se venden aproximadamente 180,000 entradas! ¿Cuántas veces mayor es el número de asistentes en la actualidad? Elige tu respuesta y explica cómo sabes que es razonable.

**A.** 18

**B.** 180

**C.** 1,800

**D.** 18,000

New York City
Comicon
July 27, 1964 · Union Hall

Unos asistentes a una convención de la ciudad de Nueva York revisan las cajas de revistas de cómics.

Seuling ideó un sistema para que los coleccionistas reservaran las revistas de cómics por adelantado. Los coleccionistas pedirían lo que quisieran y le darían el dinero. Él entregaría el pedido directamente a las editoriales. Luego, distribuiría los cómics a quienes los hubieran encargado.

Seuling influyó mucho en el futuro de las editoriales, los coleccionistas y los fans. Su idea cambió la manera en la cual las editoriales vendían revistas de cómics. También cambió el formato de las convenciones de cómics. En las siguientes convenciones, las editoriales ya interactuaban con los coleccionistas. Y vendían los cómics directamente a los fans.

## Los fans y los creadores interactúan

—Entonces supongo que tenemos que agradecerle a Seuling por la manera en la que compramos cómics —dice Lucas.

—Así es, Lucas —responde Germán—. Pero hubo muchas otras personas que ayudaron a dar forma a las convenciones.

Germán explica que la convención fue la primera vez en que los fans conocieron en persona a los creadores y a los artistas de sus revistas de cómics favoritas. Bernie Bubnis planeó el evento. Quería que los fans interactuaran con los artistas y los creadores. Entonces, invitó a Tom Gill a hablar sobre cómo se dibujan los cómics. Gill era el artista de un cómic llamado *El Llanero Solitario*.

Steve Ditko también asistió a la primera convención. Era el artista del cómic original del Hombre Araña. Ditko dibujó la portada del **programa** de la convención de 1964.

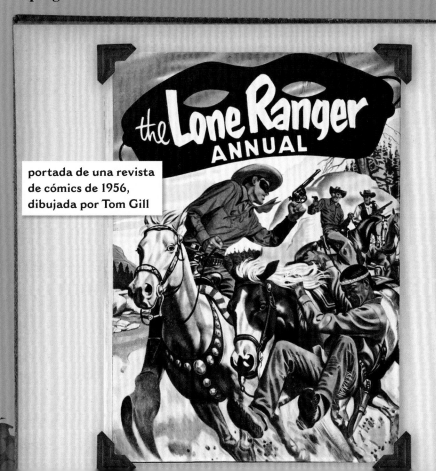

portada de una revista de cómics de 1956, dibujada por Tom Gill

# Comic-Con Internacional de San Diego

Lucas está **aturdido** con toda la información que le dio Germán.

—La verdad, no sabía nada de esto! —exclama Lucas—. ¿Puedes contarme más sobre la convención de San Diego?

—¡Por supuesto! Ahora es el evento de cómics más famoso. Comenzó en San Diego, California —Germán encuentra las fotos de ese día—. Tuvo lugar el 21 de marzo de 1970. Fue un evento de un solo día.

Le dice a Lucas que se llamó Mini Convención de Cómics del Estado Dorado. El evento se realizó en el U.S. Grant Hotel, en el centro de San Diego. Su objetivo era recaudar dinero para un evento más grande. Los organizadores, entre los que se encontraban Shel Dorf, Ken Krueger y Richard Alf, esperaban que los fans también se interesaran en un evento de cómics más grande. Al primer evento asistieron unas 100 personas. También hubo películas y libros de ciencia ficción.

En 1972, el evento pasó a llamarse Convención de Cómics de la Costa Oeste de San Diego. Su nombre cambió a Comic-Con de San Diego en 1973. Todos esos cambios de nombre no **impidieron** que las personas asistieran. El número de asistentes aumentaba cada año. En 1995, los organizadores cambiaron el nombre del evento una vez más. Lo llamaron Comic-Con Internacional de San Diego (CCI). Todavía se usa ese nombre y los fans continúan acudiendo en gran número. En los últimos años, más de 135,000 fans participaron del evento.

U.S. Grant Hotel

Shel Dorf rodeado de su trabajo en 1970

El salón de **exposiciones** de Comic-Con tiene una superficie de aproximadamente 42,000 metros cuadrados. Está previsto que 728 expositores monten sus puestos allí.

1. Imagina que cada expositor ocupará la misma cantidad de espacio. Los organizadores de la convención quieren estimar esa cantidad. ¿Qué expresión deben usar para hacer la estimación? Explica tu razonamiento.

   **A.** $42,000 \div 700$    **B.** $42,000 \div 800$

2. ¿Cuál de las siguientes es la mejor estimación de la cantidad de espacio que ocupará cada expositor? Explica tu razonamiento.

   **A.** aproximadamente 6 metros cuadrados

   **B.** aproximadamente 60 metros cuadrados

   **C.** aproximadamente 600 metros cuadrados

   **D.** aproximadamente 6,000 metros cuadrados

# Asistir a Comic-Con

Lucas está muy feliz de haber pasado el fin de semana con su tío. Planea visitarlo muchas veces más en el verano.

Después de llegar a casa, Lucas recibe un mensaje de texto de Germán. El mensaje dice: "Te tengo una GRAN sorpresa: ¡llámame YA!". Emocionado, Lucas marca el número de Germán.

Unos minutos más tarde, ¡Lucas sale corriendo de su habitación para contarle la gran noticia a su mamá! ¡Su tío lo llevará a Comic-Con como regalo de cumpleaños!

Esa noche, Lucas no duerme casi nada.

A la mañana siguiente, el tío Germán llega temprano.

—¿Estás listo para irnos, Lucas?

—¡Sí! ¡He esperado toda mi vida para ir! ¡Estoy más que listo! —contesta Lucas.

Cuando llegan a la convención, a Lucas le parece mentira estar allí. Hay tantas cosas para ver y hacer. Por suerte, el tío Germán es prácticamente un **experto** en este tipo de convenciones.

Comic-Con es tan grande que algunos eventos se realizan en un teatro cercano al centro de convenciones. Imagina que 4,000 visitantes de la convención asisten a eventos en el teatro. Allí se realizan 16 eventos con el mismo número de asistentes cada uno. Completa el modelo de productos parciales para hallar cuántas personas asistieron a cada evento en el teatro.

$$
\begin{array}{r}
16\overline{)4,000} \\
-\underline{\phantom{000}} \quad (200 \times 16) \\
800 \\
-800 \quad (\underline{\phantom{00}} \times 16) \\
\overline{0}
\end{array}
$$

15

# Trucos y consejos

Germán ha aprendido que, si lo planifica cuidadosamente, puede ver y hacer bastantes cosas. Le cuenta sus trucos a su sobrino, para que Lucas también parezca un experto.

Germán le recomendó a Lucas que usara zapatos cómodos. Pasarán mucho tiempo caminando y haciendo fila. Lucas está agradecido de que no le dolerán los pies.

Llevan agua y bocadillos para no tener hambre ni sed mientras esperan en las largas filas. Así, no perderán tiempo buscando qué comer y no gastarán dinero adicional en bocadillos.

Antes de llegar, Germán y Lucas repasaron el programa de la convención y decidieron exactamente qué querían hacer. Germán advierte que es imposible ver todo, así que eligen los eventos que más le interesan a Lucas.

Lucas quiere asistir a algunos **paneles**. Germán recomienda comenzar a hacer fila al menos un par de horas antes de que empiecen. También le informa a Lucas que, en el caso de los paneles más populares, hay que comenzar a hacer fila cinco o seis horas antes.

Una aficionada a los cómics se viste de superheroína para pasear por el salón de exhibiciones.

Se ha formado una larga fila en esta convención de cómics.

Un asistente recorre la convención en monociclo.

Una multitud explora el salón de exposiciones de Comic-Con.

Un artista hace bosquejos para los fans en una convención de cómics de Irlanda.

# Qué ver y qué hacer

Hay un salón de exposiciones enorme con diversos puestos.

Las compañías de videojuegos y los estudios cinematográficos montan muestras en el salón. Las editoriales de revistas de cómics y libros de ciencia ficción también colocan puestos. Allí ofrecen información sobre sus nuevos productos y los próximos estrenos de películas. Suelen regalar a los fans objetos con el nombre de la compañía o el título de la película. Lucas y Germán fueron preparados con bolsas grandes para cargar todo el botín obtenido en el salón de exposiciones.

Los visitantes pueden pasar casi un día entero mirando todos los puestos del salón. Los **vendedores** tienen muchas cosas a la venta. Venden revistas de cómics y novelas gráficas. Algunos coleccionistas de cómics visitan muchos puestos en busca de revistas específicas que necesitan para sus colecciones.

También hay vendedores de disfraces y camisetas. Algunos venden **réplicas** coleccionables de personajes u objetos de los cómics y las películas. Además, en los puestos pueden comprarse materiales de arte, carteles y joyas.

Germán señala el Callejón de los Artistas en el salón de exposiciones. Explica que allí hay mesas donde los artistas, los actores y los autores conocen a sus fans. Lucas pasa mucho tiempo explorando esa área.

Los actores Will Ferrell, Tina Fey y Jonah Hill comentan su película, *Megamente*, en el panel de prensa de Comic-Con.

Los artistas, los autores y los actores firman autógrafos para sus fans. Lucas hace fila para sacarse una fotografía con su artista favorito. El artista hace un bosquejo rápido para Lucas. "Lo voy a conservar toda la vida", le dice a Germán.

Los paneles son una parte fundamental de la convención. Un panel es un grupo pequeño de personas que se reúnen para comentar un tema en particular. En los paneles hablan profesionales de la **industria**. Los paneles dan a los fans la posibilidad de aprender y escuchar sobre temas relacionados con los cómics, los videojuegos y las películas. Algunos actores participan en sesiones de preguntas y respuestas. Contestan las preguntas de los fans y describen cómo fue la experiencia de filmar la película. En los últimos años, los estudios cinematográficos han hecho películas basadas en cómics de Marvel Comics® y DC Comics™. El público quiere ver a los actores que representaron a sus personajes favoritos. Los paneles cubren una variedad enorme de temas. Así que prácticamente todos los asistentes de Comic-Con encuentran alguno que les interese.

Un artista hace un bosquejo durante una exhibición.

¡Una parte fundamental de la convención son los disfraces! Muchos fans van vestidos como sus personajes favoritos. Otros se visten como personajes de videojuegos o de televisión.

El sábado por la noche hay un concurso de **mascaradas**. Todos los participantes llevan disfraces hechos por ellos mismos. Se entregan premios en varias categorías. El concurso siempre es un **punto culminante** del fin de semana. Lucas quiere verlo.

"Deberíamos hacer fila desde temprano para conseguir asientos para el concurso", explica Germán.

## EXPLOREMOS LAS MATEMÁTICAS

Hay paneles en 19 salas del centro de convenciones.

1. Imagina que hay 3,192 sillas plegables para los asistentes. En cada sala debe haber el mismo número de sillas. Estima el número de sillas de cada sala. ¿Piensas que tu estimación es mayor o menor que la respuesta exacta? ¿Por qué?

2. Completa el modelo de área para hallar el número de sillas que hay en cada sala.

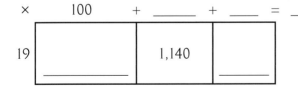

$$\times \quad 100 \quad + \underline{\hspace{1cm}} + \underline{\hspace{0.7cm}} = \underline{\hspace{1cm}}$$

| | | |
|---|---|---|
| 19 | 1,140 | |
| _____ | | _____ |

**Una asistente a Comic-Con se viste como la superheroína Canario Negro.**

21

# Más convenciones de cómics

Mientras esperan en la fila, Lucas le pregunta a Germán si existen otras convenciones de cómics.

Un fan de Aquaman asiste a Comic-Con de Nueva York.

Germán le contesta: "Las convenciones de San Diego y la ciudad de Nueva York son las más populares. Tienen el mayor número de asistentes. Pero hay muchas convenciones de cómics. En ellas también hay disfraces, artistas y fans". Mientras hacen fila, le comenta a Lucas sobre las otras convenciones.

Comic-Con de Nueva York (NYCC) comenzó en 2006. El primer año del evento se presentaron más fans de los esperados. Los organizadores de la NYCC tuvieron que rechazar a miles. No había suficiente espacio. En los años siguientes, los organizadores estuvieron mejor preparados para las grandes multitudes. Los números han aumentado año a año. Ahora la NYCC recibe a unos 180,000 fans.

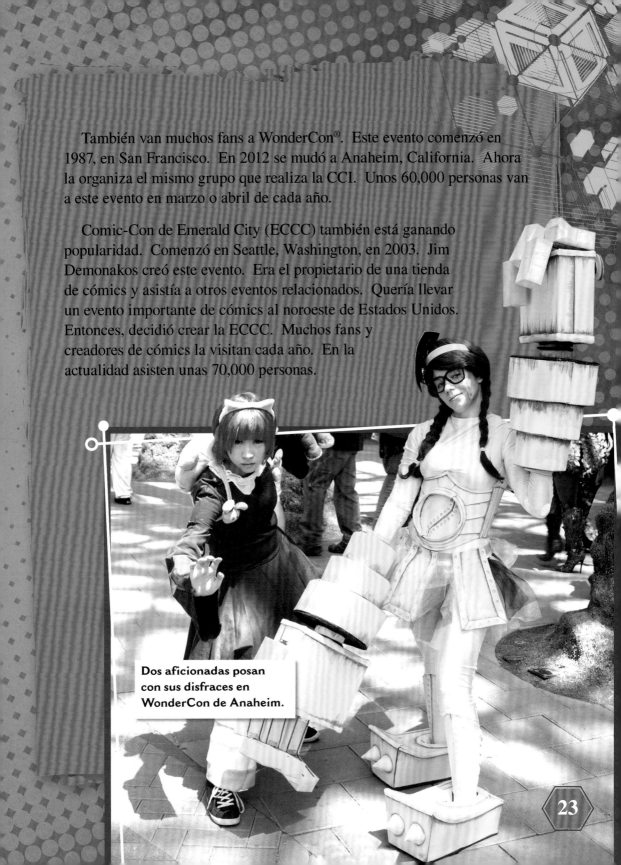

También van muchos fans a WonderCon®. Este evento comenzó en 1987, en San Francisco. En 2012 se mudó a Anaheim, California. Ahora la organiza el mismo grupo que realiza la CCI. Unos 60,000 personas van a este evento en marzo o abril de cada año.

Comic-Con de Emerald City (ECCC) también está ganando popularidad. Comenzó en Seattle, Washington, en 2003. Jim Demonakos creó este evento. Era el propietario de una tienda de cómics y asistía a otros eventos relacionados. Quería llevar un evento importante de cómics al noroeste de Estados Unidos. Entonces, decidió crear la ECCC. Muchos fans y creadores de cómics la visitan cada año. En la actualidad asisten unas 70,000 personas.

**Dos aficionadas posan con sus disfraces en WonderCon de Anaheim.**

En 2011, apareció Comikaze Expo® en Los Ángeles. Está inspirada en la CCI. El evento llamó la atención del creador de cómics Stan Lee. Lee es una de las personas más conocidas en el mundo de los cómics. Fue el presidente de Marvel Comics. A lo largo de su carrera, colaboró con artistas en la creación del Hombre Araña y de Hulk. También creó a Iron Man, los Cuatro Fantásticos y los X-Men.

Entonces, cuando Lee quiso asociarse a los organizadores de Comikaze en 2012, ellos accedieron. Incluso añadieron su nombre al evento, que pasó a llamarse Stan Lee's Comikaze Expo. Luego, en 2016, volvió a cambiar de nombre: Stan Lee's L.A. Comic Con. Unos 75,000 fans asisten en octubre de cada año.

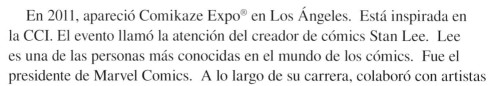

Stan Lee (derecha) les da la bienvenida a los fans a Comikaze Expo junto con el artista de cómics y emprendedor Todd McFarlane (izquierda) en 2012.

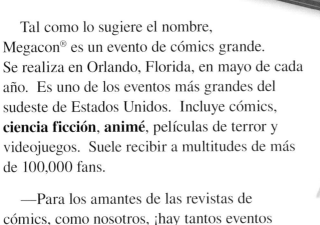

Tal como lo sugiere el nombre, Megacon® es un evento de cómics grande. Se realiza en Orlando, Florida, en mayo de cada año. Es uno de los eventos más grandes del sudeste de Estados Unidos. Incluye cómics, **ciencia ficción**, **animé**, películas de terror y videojuegos. Suele recibir a multitudes de más de 100,000 fans.

—Para los amantes de las revistas de cómics, como nosotros, ¡hay tantos eventos entre los que elegir! —comenta Germán.

—Deberemos hallar otro evento para visitar pronto —responde Lucas.

Unos fans están vestidos como los personajes de Peter Pan y Capitán Garfio en la convención *Stan Lee's Comikaze Expo*.

Lucas nunca va a olvidar su experiencia en Comic-Con. Durante todo el evento, el tío Germán le enseñó muchísimas cosas sobre las convenciones de cómics y su historia.

Al regresar a casa, Lucas le muestra a su mamá las fotografías que tomó en la convención. También le enseña los autógrafos que le dieron artistas de cómics y actores famosos. Le cuenta todo lo que hicieron y vieron durante los días de la convención.

—¿Cuál fue tu parte favorita, Lucas? —pregunta la mamá.

—Bueno, me encantaron todas las partes del evento, sin duda. Si tuviera que elegir una, mi parte favorita fue pasar tiempo con el tío Germán. Sabe mucho sobre cómics, artistas y revistas. Fue muy entretenido escucharlo hablar sobre cada convención. ¡No olvidaré este evento en toda mi vida!

—Entonces, ¿no te molestará volver a visitar al tío Germán el mes que viene? —pregunta la mamá.

—¡Claro que no! —responde Lucas—. Si lo veo, podremos planear la próxima convención de cómics a la que iremos en unos meses.

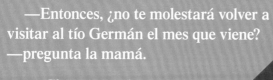

Después de la convención, Lucas lee una noticia en línea que dice que los hambrientos asistentes compraron 8,160 sándwiches y ensaladas.

1. Imagina que había 12 puestos de comida en el centro de convenciones. Si cada puesto vendió el mismo número de alimentos, ¿cuántos alimentos se vendieron en cada uno?

2. Ahora imagina que se vendió el mismo número de sándwiches y ensaladas en cada puesto de comidas. ¿Cuántos alimentos de cada tipo se vendieron?

# ⚙️ Resolución de problemas

Los asistentes a las convenciones de cómics ven la parte divertida. Pero solo es posible pasarla bien si los organizadores prestan atención a los detalles. Los asistentes a las convenciones dependen de que los organizadores consigan asientos para los paneles, organicen a los expositores, encarguen comida suficiente y muchísimas cosas más. Imagina que eres el principal organizador de un centro de convenciones en el que se realizará una convención de cómics de un día. Demuestra que comprendes el proceso de planificación usando la hoja de información para contestar las preguntas.

1. ¿Cuánto sugerirías cobrarles a los asistentes por su entrada si el centro de convenciones debe recaudar $200,000 por ser la sede del evento?

2. Cada expositor ocupa la misma cantidad de espacio en el salón de exposiciones.

   a. El folleto publicitario del evento solo menciona estimaciones. Estima cuánto espacio ocupará cada expositor.

   b. Los trabajadores que montan los puestos de los expositores necesitan números exactos. ¿Exactamente cuánto espacio ocupará cada expositor?

3. Sabes que no pueden reunirse todos los paneles al mismo tiempo. ¿Cuántas veces se usará cada sala de reuniones durante el día?

4. En el centro de convenciones hay 2,200 sillas plegables. ¿Son suficientes para que todas las salas de reuniones tengan el número máximo de sillas? Explica.

5. En el cine se proyectará una película y ya se agotaron las entradas. El cineasta quiere servir palomitas de maíz para todos. La máquina de palomitas del centro de convenciones puede hacer 72 porciones a la vez. ¿Cuántas veces se debe hacer funcionar la máquina para que cada fan reciba una porción?

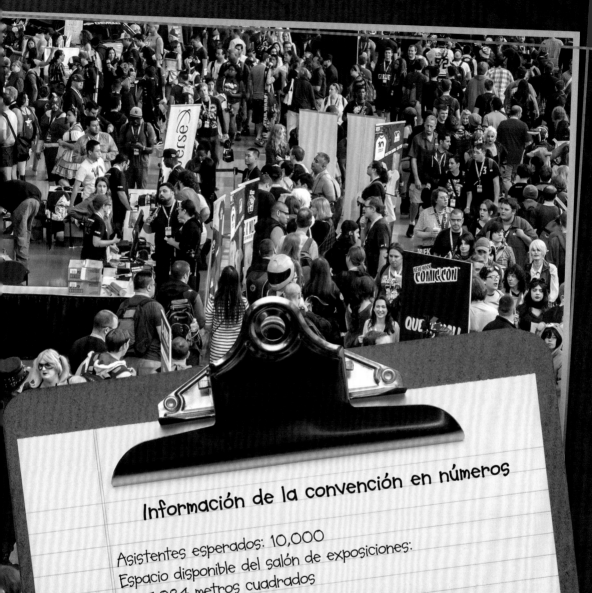

# Información de la convención en números

Asistentes esperados: 10,000

Espacio disponible del salón de exposiciones:
    7,084 metros cuadrados

Expositores previstos: 92

Salas de reuniones: 15

Asientos disponibles en cada sala de reuniones: 144

Paneles previstos: 45

Asientos disponibles en el cine: 1,200

# Glosario

**animé**: animación japonesa

**asistentes**: personas que asisten a una convención, reunión o conferencia

**aturdido**: confundido, que no sabe qué hacer

**ciencia ficción**: historias imaginarias sobre la ciencia

**convención**: reunión grande de personas que tienen un interés común

**editoriales**: compañías que publican libros, revistas y periódicos

**experto**: alguien con entrenamiento, aptitudes o educación especial en un tema en particular

**exposiciones**: muestras de objetos

**impidieron**: evitaron que ocurriera algo

**industria**: grupo de empresas que brindan el mismo servicio

**mascaradas**: fiestas en las que las personas usan máscaras y disfraces

**paneles**: grupos de personas que contestan preguntas o dan información sobre un tema

**programa**: libro pequeño que proporciona información sobre un evento

**punto culminante**: la mejor parte de algo

**réplicas**: copias exactas o muy parecidas

**vendedores**: personas que venden objetos

# Índice

Alf, Richard, 12

Anaheim, California, 23

Bubnis, Bernie, 11

ciudad de Nueva York, 8–10, 22

Comic-Con de Emerald City (ECCC), 23

Comic-Con de Nueva York (NYCC), 22

Comic-Con de San Diego, 12

Comic-Con Internacional de San Diego (CCI), 12, 23–24

Comikaze Expo, 24–25

Cuatro Fantásticos, 24

DC Comics, 20

Ditko, Steve, 11

Dorf, Shel, 12–13

Gill, Tom, 11

Hombre Araña, 11, 24

Hulk, 24

Iron Man, 24

Krueger, Ken, 12

Lee, Stan, 24–25

Linterna Verde, 7

*Llanero Solitario, El*, 11

Los Ángeles, California, 24

Marvel Comics, 20, 24

Megacon, 25

Mini Convención de Cómics del Estado Dorado, 12

Orlando, Florida, 25

San Diego, California, 7, 12, 22

Seattle, Washington, 23

Seuling, Phil, 8, 10–11

Stan Lee's L.A. Comic Con, 24

WonderCon, 23

X-Men, 24

# Soluciones

**Exploremos las matemáticas**

**página 7:**

7 cajas; a 6 cajas les caben 72 revistas, así que las 3 revistas restantes requieren una caja adicional.

**página 9:**

C; Las explicaciones variarán, pero pueden incluir que 100 × 1,800 = 180,000.

**página 13:**

1. A; Las explicaciones variarán, pero pueden incluir que 728 está más cerca de 700 que de 800.

2. B; Las explicaciones variarán, pero pueden incluir que 42,000 ÷ 700 es 60.

**página 15:**

El modelo muestra un cociente de 250; 3,200; 50.

**página 21:**

1. Las estimaciones variarán. Ejemplo: *Cada sala tiene aproximadamente 160 sillas porque 3,200 ÷ 20 = 160. Pienso que mi estimación es menor que el número exacto porque*

*después de redondear 3,192 a la centena más cercana dividí entre 20 salas en lugar de 19.*

2. El modelo muestra un cociente de 168; 1,900; 60; 8; 152

**página 27:**

1. 680

2. 340

**Resolución de problemas**

1. $20

2. **a.** aproximadamente 70 m cuad.

   **b.** 77 m cuad.

3. 3

4. Sí; 15 × 144 = 2,160

5. 17 veces; 1,200 ÷ 72 = 16, resto 48. Como se necesitan 48 porciones más, la máquina debe funcionar 17 veces.